Impressum
Verlag: BABADADA GmbH, Nedderfeld 112 , 22529 Hamburg
Geschäftsführer / Verlagsleitung: Harald Hof
Druck: Books on Demand GmbH, In de Tarpen 42, 22848 Norderstedt

Imprint
Publisher: BABADADA GmbH, Nedderfeld 112 , 22529 Hamburg, Germany
Managing Director / Publishing direction: Harald Hof
Print: Books on Demand GmbH, In de Tarpen 42, 22848 Norderstedt, Germany

المدرسة

škola

القسم
učionica
يقسم
dijeliti
186/2
اللوح
tabla
školsko dvorište
المعلم
učitelj, nastavnik
ورقة
papir
يكتب
pisati
القلم
olovka
طاولة المكتب
pisaći sto
المسطرة
lenjir
الكتاب
knjiga
التلميذ
učenik

الحقيبة المدرسية

torba

المقلمة

pernica

قلم الرصاص

drvena olovka

البرّاية

šiljalo za olovke

المِمحاة

gumica

دفتر الرسم

blok za crtanje

الرسمة

crtež

الفرشاة

kist

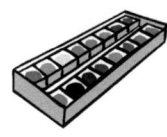

علبة التلوين

kutija s bojama

المقص

makaze

المادة اللاصقة

ljepilo

دفتر التمارين

vježbanka

الواجب المدرسي

domaća zadaća

الرقم

broj

يجمع

sabirati

يطرح

oduzimati

يضرب

množiti

يحسب

računati

الحرف

slovo

الأبجدية

abeceda

hello

كلمة

riječ

النص
....
tekst

يقرأ
....
čitati

الطبشور
....
kreda

الحصة
....
sat

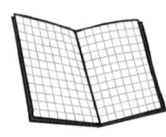

دفتر الدوام المدرسي
....
školski dnevnik

الامتحان
....
ispit

شهادة
....
svjedočanstvo

اللباس المدرسي
....
školska uniforma

التعليم
....
izobrazba

الموسوعة
....
leksikon

الجامعة
....
univerzitet

المِجهر
....
mikroskop

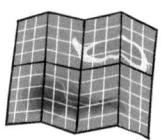

الخريطة
....
karta

قماما
....
korpa za papir

فندق
hotel
بيت الشباب
hostel
مكتب صرافة
mjenjačnica
حقيبة
kofer
سيارة
auto

اللغة

jezik

نعم / لا

da / ne

حسناً

okej

مرحباً

zdravo

مترجم

tumač

شكراً

hvala

كم ثمن ... ؟

Koliko košta...?

لا أفهم

Ne razumijem

مشكلة

problem

مساء الخير

dobro veče!

صباح الخير!

Dobro jutro!

ليلة سعيدة

Laku noć!

إلى اللقاء

doviđenja

اتجاه

smjer

أمتعة السفر

prtljag

حقيبة

torba

حقيبة ظهر

ruksak

ضيف

gost

غرفة

soba

كيس للنوم

vreća za spavanje

خيمة

šator

استعلامات سياحية

turističke informacije

شاطئ

plaža

بطاقة ائتمان

kreditna kartica

إفطار

doručak

طعام الغداء

ručak

العشاء

večera

بطاقة سفر

putna karta

مصعد

lift

طابع بريدي

poštanska markica

حدود

granica

الجمارك

carina

سفارة

ambasada

تأشيرة

viza

جواز سفر

pasoš

نقل
transport

طائرة
avion
سفينة
brod
سيارة إطفاء
vatrogasno vozilo
حافلة
autobus
سيارة شاحنة
kamion
زورق آلي
motorni čamac
دراجة
biciklo
سيارة
auto

عبارة

trajekt

قارب

brod

دراجة نارية

motocikl

سيارة شرطة

policijski automobil

سيارة سباق

trkaći automobil

سيارة مستأجرة

unajmljeni automobil

أسلوب تشاركي في استئجار السيارات

....

kar-šering

سيارة للجر

....

pauk

سيارة نقل القمامة

....

smećarsko vozilo

محرك

....

motor

وقود

....

gorivo

محطة وقود

....

benzinska pumpa

إشارة مرور

....

saobraćajni znak

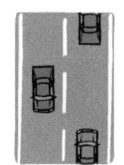

حركة السير

....

saobraćaj

ازدحام سير

....

zastoj

موقف سيارات

....

parking

محطة قطار

....

željeznička stanica

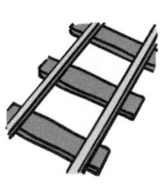

سكك حديدية

....

šine

قطار

....

voz

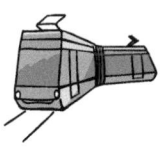

ترام

....

tramvaj

عربة قطار

....

vagon

طائرة مروحية

helikopter

مطار

aerodrom

برج

toranj

مسافر

putnik

حاوية

kontejner

علبة كرتون

karton

عربة يد

tačke

سلة

korpa

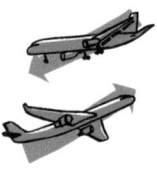

يقلع / يهبط

poletjeti / sletjeti

مدينة

grad

قرية

selo

مركز المدينة

centar grada

بيت

kuća

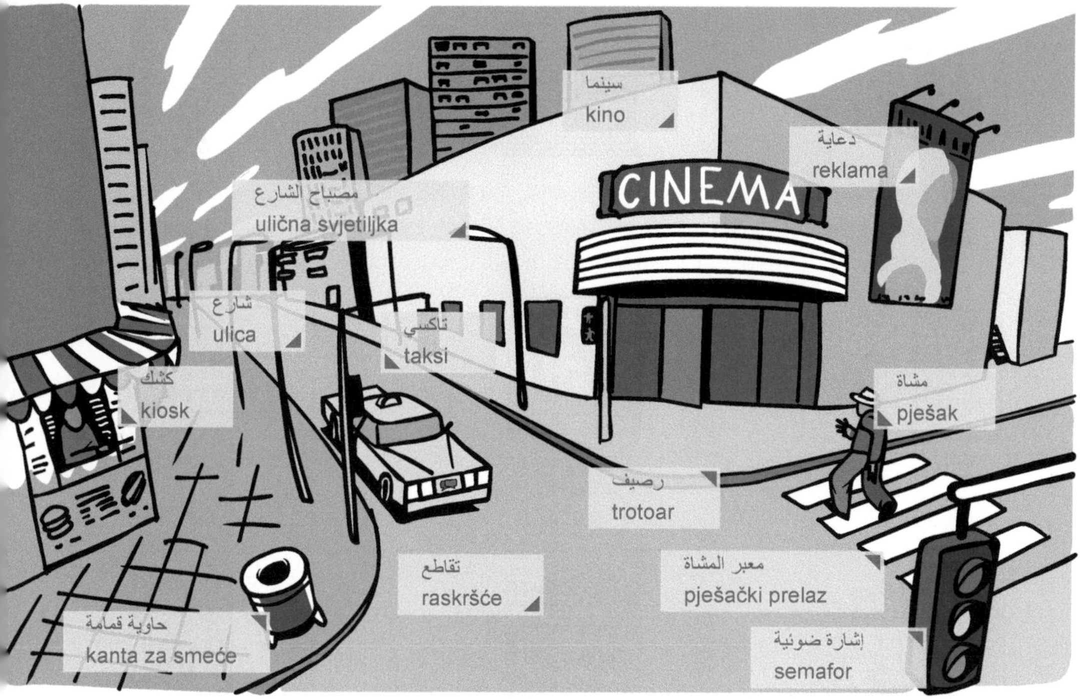

سينما
kino

دعاية
reklama

مصباح الشارع
ulična svjetiljka

شارع
ulica

تاكسي
taksi

CINEMA

كشك
kiosk

مشاة
pješak

رصيف
trotoar

حاوية قمامة
kanta za smeće

تقاطع
raskršće

معبر المشاة
pješački prelaz

إشارة ضوئية
semafor

كوخ
koliba

شقة
stan

محطة قطار
željeznička stanica

دار البلدية
vjećnica

متحف
muzej

المدرسة
škola

الجامعة

univerzitet

مصرف

banka

المستشفى

bolnica

فندق

hotel

صيدلية

apoteka

مكتب

ured

مكتبة

knjižara

متجر

radnja

محل لبيع الزهور

cvjećara

سوبرماركت

supermarket

سوق

pijaca

متجر كبير

robna kuća

تاجر السمك

prodavač ribe

مركز تسوّق

trgovački centar

ميناء

luka

حديقة عامة

park

مقعد

klupa

جسر

most

درج، سلم

stepenice

مترو

podzemna željeznica

نفق

tunel

موقف حافلات

autobuska stanica

بار

bar

مطعم

restoran

صندوق البريد

poštanski sandučić

لافتة باسم الشارع

saobraćajni znak

مقياس زمن الوقوف

sat za naplatu parkinga

حديقة حيوانات

zološki vrt

مسبح

bazen

مسجد

džamija

مزرعة
seosko imanje

تلوث البيئة
zagađenje okoline

مقبرة
groblje

كنيسة
crkva

ملعب الأطفال
igralište

معبد
hram

طبيعة ريفية

krajolik

ورقة
list

علامة إرشاد
putokaz

طريق
putokaz

مرج
livada

حجر
kamen

شجرة
drvo

رحالة
putnik

نهر
rijeka

عشب
trava

زهرة
cvijet

وادٍ

....

dolina

جبل

....

brdo

بحيرة

....

jezero

غابة

....

šuma

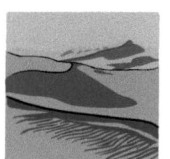

صحراء

....

pustinja

بركان

....

vulkan

قلعة

....

dvorac

قوس قزح

....

duga

فِطر

....

gljiva

نخلة

....

palma

بعوض

....

komarac

ذبّانة

....

muha

نملة

....

mrav

نحلة

....

pčela

عنكبوت

....

pauk

خنفساء

buba

ضفدعة

žaba

سنجاب

vjeverica

قنفذ

jež

أرنب

zec

بومة

sova

عصفور

ptica

بجعة

labud

خنزير برّي

divlja svinja

غزال

jelen

إلكة

los

سد

brana

دولاب الطاحونة الهوائية

vjetrenjača

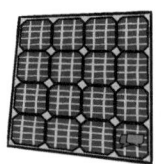

خلية شمسية

solarni modul

مناخ

klima

مطعم

restoran

نادل
konobar
لائحة الطعام
jelovnik
كرسي
stolica
حساء
supa
بيتزا
pica
أدوات المائدة
pribor za jelo
غطاء المائدة
stolnjak

مقبلات
....
predjelo

الصحن الرئيسي
....
glavno jelo

حلوى أو فاكهة بعد الطعام
....
desert

مشروبات
....
piće

طعام
....
jelo

زجاجة
....
flaša

وجبات سريعة

brza hrana

طعام الشارع

jelo sa ulice

إبريق الشاي

čajnik

علبة السكر

šećernica

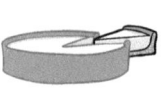

حصّة

porcija

آلة الإسبريسو

mašina za espreso

كرسي عالٍ

barska stolica

فاتورة

račun

صينية

tacna

سكين

nož

شوكة

viljuška

ملعقة

kašika

ملعقة الشاي

kašičica

منديل المائدة

salveta

كأس

čaša

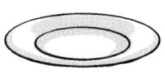

صحن

tanjir

صحن الحساء

tanjir za supu

صحن الفنجان

tanjurić

صلصة

sos

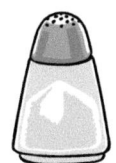

مملحة

solanik

مطحنة الفلفل

mlin za biber

خلّ

sirće

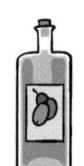

زيت الطعام

ulje

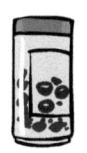

توابل

začini

كتشاب

kečap

خردل

senf

مايونيز

majoneza

سوبرماركت

supermarket

عرض خاص
ponuda
FOR
زبون
klijent
مشتقات الحليب
mliječni proizvodi
فواكه
voće
عربة تسوّق
kolica za kupovinu

جزّار

mesnica- klaonica

مخبز

pekara

يزن

vagati

خضار

povrće

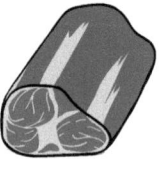

لحم

meso

المأكولات المجمّدة

zaleđena hrana

مرتدلا أو جبن

narezak

معلّبات

konzerve

مسحوق الغسيل

prašak za veš

حلويات

slatkiši

المواد المنزلية

kućanski proizvodi

منظّفات

sredstvo za čišćenje

بائعة

prodavačica

صندوق الحساب

kasa

أمين صندوق

blagajnik

قائمة المشتريات

lista za kupovinu

أوقات العمل

radno vrijeme

محفظة النقود

novčanik

بطاقة ائتمان

kreditna kartica

حقيبة

torba

كيس بلاستيكي

najlonska vrećica

مشروبات

pića

ماء

voda

عصير

sok

حليب

mlijeko

كولا

kola

نبيذ

vino

بيرة

pivo

كحول

alkohol

كاكاو

kakao

شاي

čaj

قهوة

kafa

قهوة إسبريسو

espreso

كابوتشينو

kapućino

موزة

banana

تفاح

jabuka

برتقال

narandža

بطيخ

lubenica

ليمون

limun

جزرة

mrkva

ثوم

bijeli luk

خيزران

bambus

بصل

crveni luk

فِطر

gljiva

لوزيات

orašasti plodovi

شعيرية

pasta

سباغيتي
....
špagete

أرزّ
....
riža

سلطة
....
salata

بطاطا مقلية
....
pomfrit

بطاطا مقلية
....
pečeni krompir

بيتزا
....
pica

هامبورغر
....
hamburger

ساندويش
....
sendvič

شريحة لحم مقلية
....
šnicla

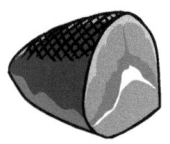

لحم خنزير
....
šunka

سلامي
....
kobasica

سجق
....
kobasica

دجاج
....
kokoš

لحم محمر
....
pečenje

سمك
....
riba

دقيق الشوفان

zobene pahuljice

موسلي

muzli

كورن فلكس

kornfleks

طحين

brašno

كرواسان

kroason

خبز صغير

zemičke

خبز

kruh

خبز محمص

tost

بسكويت

keksi

زبدة

maslac

لبن زبادي

svježi sir

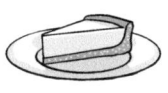

كعكة

kolač

بيضة

jaje

بيض مقلي

jaje na oko

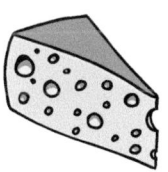

جبنة

sir

مثلجات
....
sladoled

سكر
....
šećer

عسل
....
med

مربّى الفاكهة
....
marmelada

كريم النوغا
....
nugat krema

الكاري
....
kuri

مزرعة

seosko imanje

بيت الفلاح
seoska kuća
مخزن غلال
sjenik
رزمة من التبن
bale sjena
حقل
polje
حصان
konj
مقطورة
prikolica
جرار
traktor
مهر
ždrijebe
حمار
magarac
خروف
ovca
خروف
jagnje

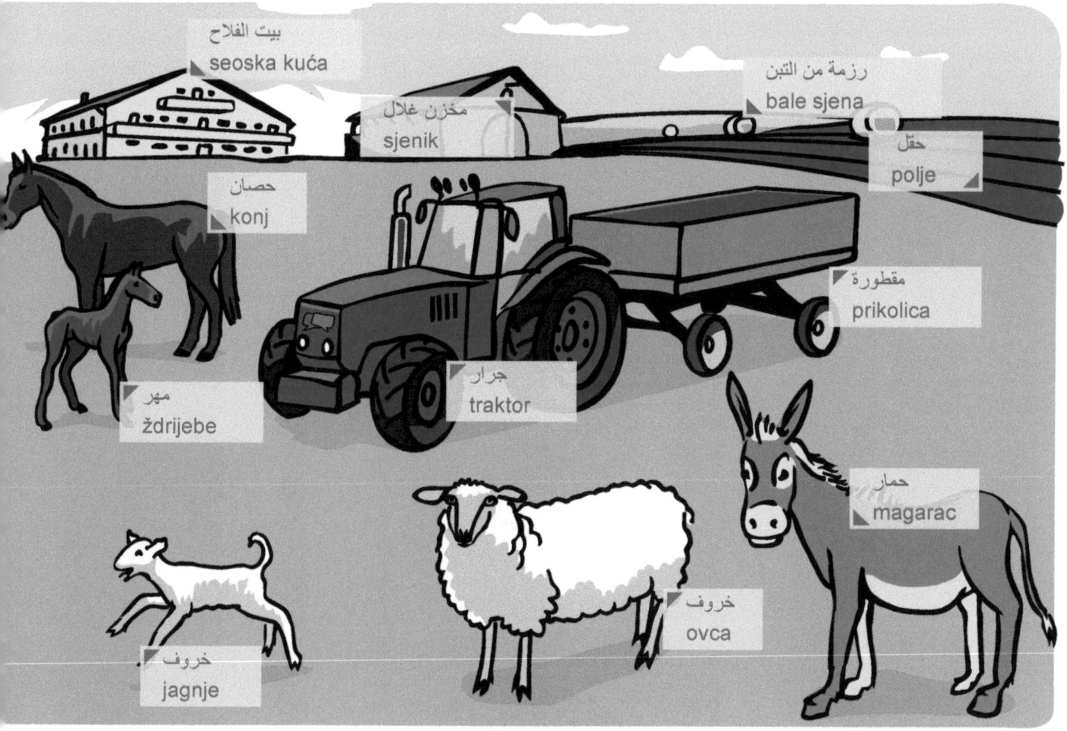

ماعز
koza

بقرة
krava

عجل
tele

خنزير
svinja

خنزير صغير
prase

ثور
bik

إوزّة

guska

بطة

patka

صوص

pile

دجاجة

kokoška

ديك

pjetao

جرذ

pacov

قطة

mačka

فأر

miš

ثور

vol

كلب

pas

كوخ الكلب

pseća kućica

خرطوم الحديقة

crijevo za baštu

إبريق

kanta za zalijevanje

منجل

kosa

المحراث

plug

منجل

srp

معزقة

motika

مذراة الزبل

vile

بلطة

sjekira

عربة يد

tačke

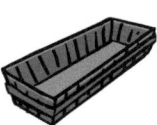

معلف

korito

صفيحة الحليب

bokal za mlijeko

كيس

vreća

سياج

ograda

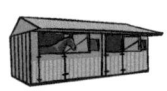

اصطبل

štala

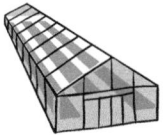

دفيئة

staklenik

تربة

tlo

بذور

sjeme

سماد

đubrivo

حصّادة درّاسة

kombajn

يحصد

kositi

محصول

žetva

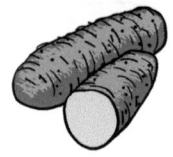

بطاطا يامس

jam korijen

قمح

pšenica

صويا

soja

بطاطا

krompir

ذرة

kukuruz

سلجم

uljana repica

شجرة فاكهة

drvo voća

نبات منيهوت

manioka

الحبوب

žito

بيت
kuća

مدخنة
dimnjak
سقف
krov
مزراب
oluk
نافذة
prozor
مرآب
garaža
جرس الباب
zvono
باب
vrata
kanta za smeće
صندوق البريد
poštanski sandučić
حديقة
bašta

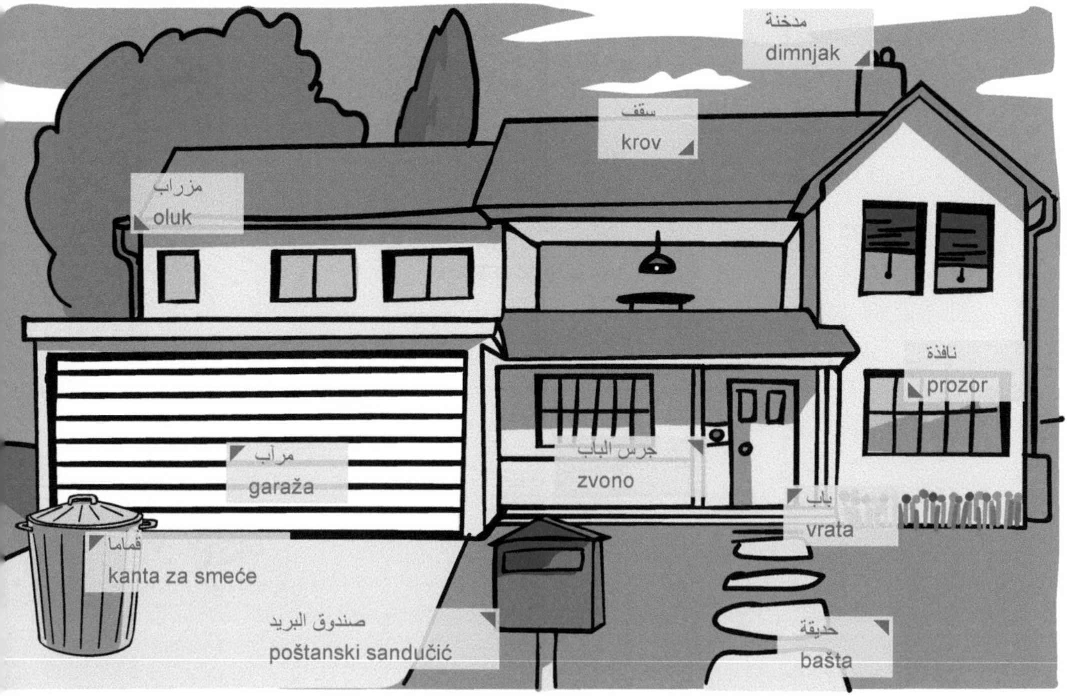

غرفة جلوس

dnevni boravak

الحمّام

kupatilo

مطبخ

kuhinja

غرفة النوم

spavaća soba

غرفة الأطفال

dječija soba

غرفة الطعام

trpezarija

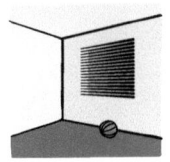

أرضية

pod, tlo

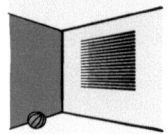

حائط

zid

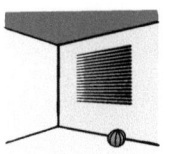

سقف

plafon

قبو

podrum

ساونا

sauna

بلكون

balkon

شرفة

terasa

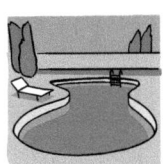

مسبح

bazen

جزّازة العشب

kosilica

بياضات السرير

posteljina

بطانية

pokrivač

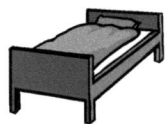

سرير

krevet

مكنسة

metla

سطل

kanta

مفتاح كهربائي

prekidač

غرفة جلوس
dnevni boravak

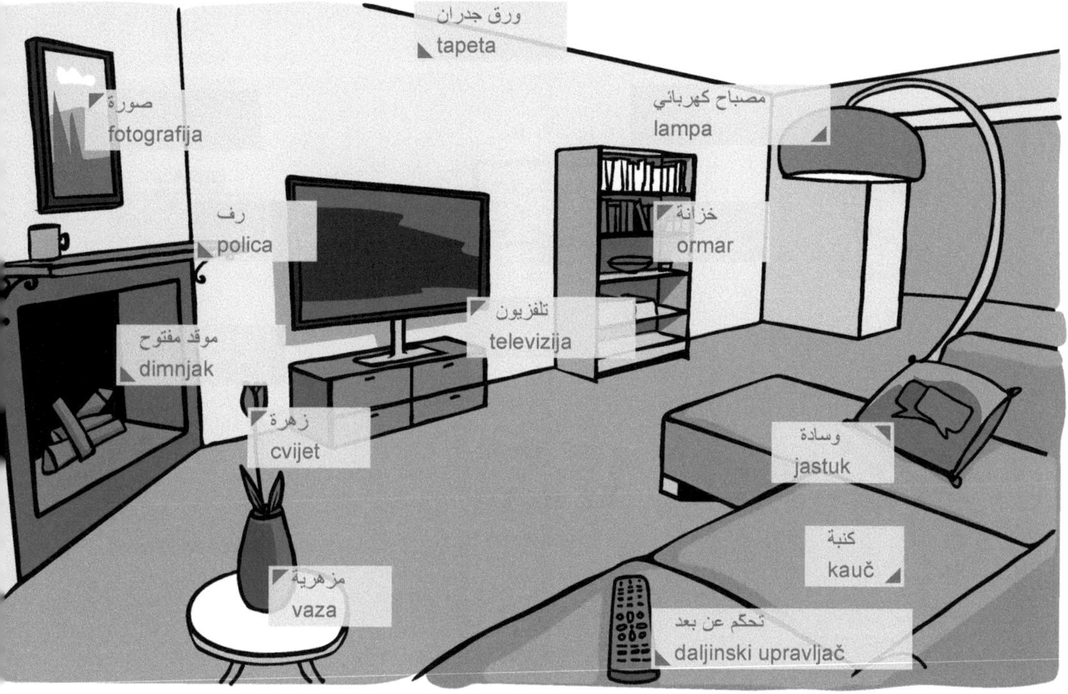

ورق جدران
tapeta
صورة
fotografija
مصباح كهربائي
lampa
رف
polica
خزانة
ormar
تلفزيون
televizija
موقد مفتوح
dimnjak
زهرة
cvijet
وسادة
jastuk
كنبة
kauč
مزهرية
vaza
تحكم عن بعد
daljinski upravljač

بصاط
tepih

ستارة
zavjesa

طاولة
stol

كرسي
stolica

كرسي هزّاز
stolica za ljuljanje

كرسي ذو ذراعين
fotelja

الكتاب

knjiga

بطانية

deka

زخرفة

dekoracija

الحطب

ložno drvo

فيلم

film

تجهيزات ستيريو

stereo uređaj

مفتاح

ključ

جريدة

novine

لوحة مرسومة

umjetnička slika

مُلصق

poster

راديو

radio

دفتر ملاحظات

blok za bilješke

المكنسة الكهربائية

usisavač

صبّار

kaktus

شمعة

svijeća

مطبخ
kuhinja

برّاد
hladnjak
ميكروويف
mikrovalna pećnica
ميزان المطبخ
kuhinjska vaga
محمصة الخبز
toster
منظفات
sredstvo za čišćenje
فرن
rerna
ثلاجة
zamrzivač
قماما
kanta za smeće
جَلاية
mašina za suđe, perilica

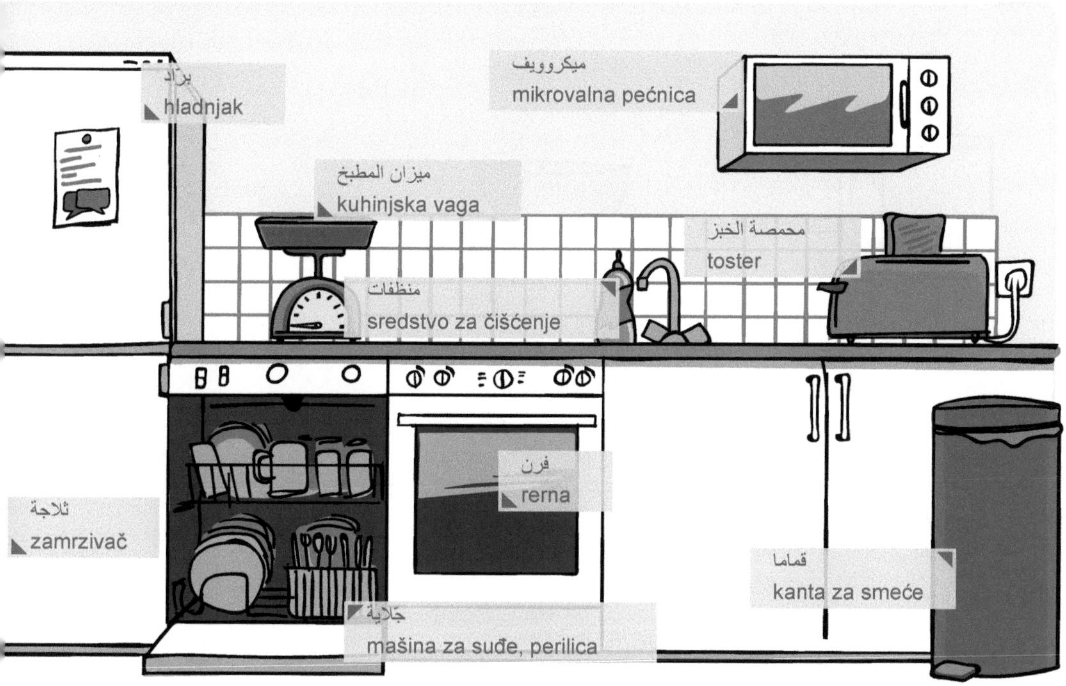

موقد

peć

قِدر

lonac

وعاء من الحديد

metalni lonac

قدر صيني

vok / kadai

مقلاة

tava, tiganj

غلاية

kuhalo

مطبخ - kuhinja 35

قدر البخار

aparat za kuhanje na pari

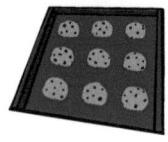

صينية

lim za pečenje

أواني

posuđe

فنجان

šalica

صحن

činija

عيدان الأكل

kineski štapići

مغرفة

kutlača

ملعقة منبسطة

lopatica

خفاقة

metlica za snijeg bjelanjca

مصفاة

sito za kuhanje

مصفاة

sito

مبشرة

ribež

هاون

avan s tučkom

شواء

roštilj

موقد

ložište

لوح التقطيع

....

daska

نشّابة

....

oklagija

مفتاح الزجاجات

....

vadičep

علبة

....

konzerva

مفتاح العلب المعدنية

....

otvarač za konzerve

قماش الفرن

....

krpe za lonac

مجلى

....

sudoper

فرشاة

....

četka

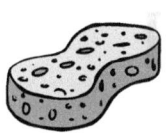

إسفنج

....

spužva

خلاط

....

mikser

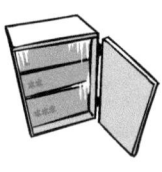

مجمّدة

....

zamrzivač

زجاجة الطفل

....

flašica za bebu

صنبور الماء

....

slavina

الحمّام

kupatilo

دوش
tuš
تدفئة
grijanje
منشفة
peškir
ستارة الدوش
zavjesa za tuš
حمام رغوة
pjenušava kupka
kada
كأس
čaša
غسّالة
mašina za veš
صنبور الماء
slavina
بلاط
pločice
قفازات مطاطية
dječja kahlica
مجلى
sudoper

حمام

toalet

مرحاض القرفصاء

čučavac

حوض التشطيف

bide

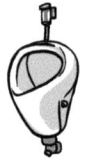

مبولة

pisoar

ورق المرحاض

toalet papir

فرشاة الحمام

četka za wc

فرشاة الأسنان

četkica za zube

معجون الأسنان

pasta za zube

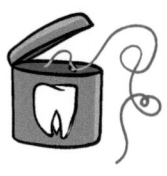

خيط حرير لتنظيف الأسنان

zubni konac

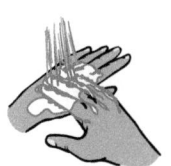

يغسل

prati

رشاش ماء يدوي

tuš

شطاف

intimni tuš

حوض الغسيل

lavor

فرشاة الظهر

četka za leđa

صابون

sapun

جيل الدوش

gel za tuširanje

شامبو

šampon

ممسحة

krpe za pranje

مصرف للماء

odvod

مرهم

krema

مزيل الروائح

dezodorans

مرآة

ogledalo

مرآة يد

ogledalo za šminkanje

موس حلاقة

brijač

رغوة الحلاقة

pjena za brijanje

كولونيا

vodica poslije brijanja

مشط

češalj

فرشاة

četka

سشوار

fen

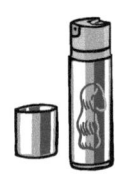

مثبت للشعر

sprej za kosu

ماكياج

puder

روج

karmin

طلاء أظافر

lak za nokte

قطن

vata

مقص أظافر

makazice za nokte

عطر

parfem

سلة الغسيل

....

kozmetička torbica

مقعد صغير

....

hoklica

ميزان

....

vaga

معطف الحمام

....

kupaći ogrtač

قفازات مطاطية

....

rukavice za čišćenje

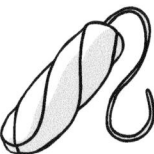

سدادة قطنية

....

tampon

منشفة صحية

....

uložak za dame

تواليت كيميائية

....

hemijski toalet

غرفة الأطفال

dječija soba

منبّه
budilnik
الحيوانات المحنطة
plišana igračka
سيارة لعبة
auto za igru
خشخشة
zvečka
بيت الدمى
kućica za lutke
هدية
poklon

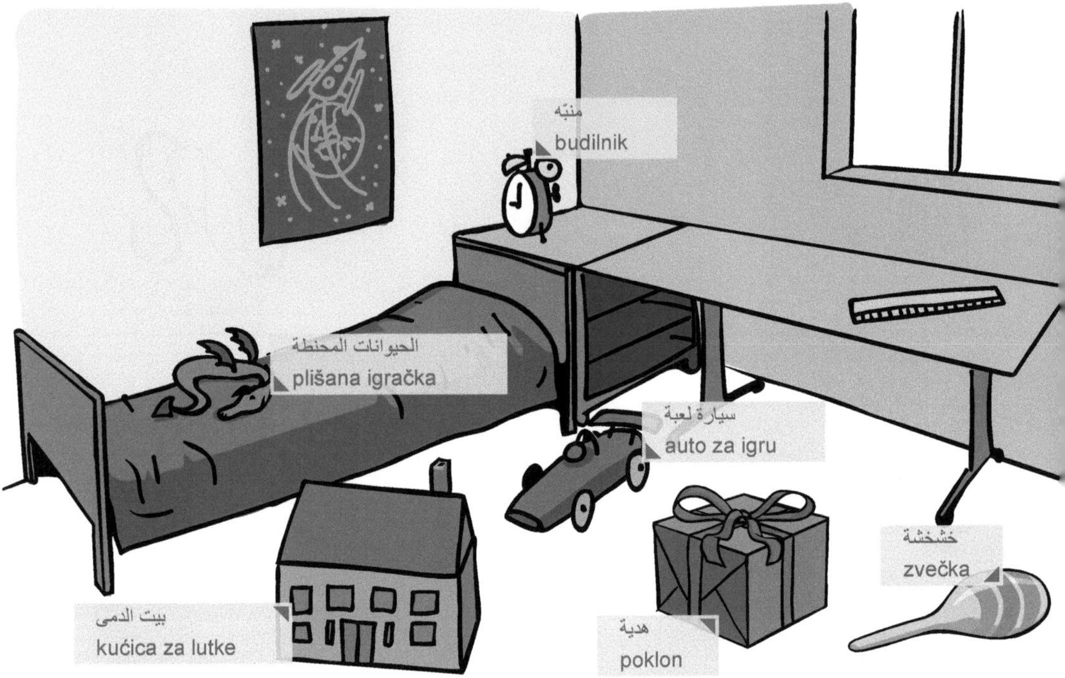

بالون

balon

سرير

krevet

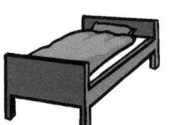

عربة الأطفال

kolica za djecu

لعبة الورق

karte za igranje

أحجية

puzle

رسوم هزلية

strip

أحجار الليغو

....

lego kockice

حجارة تركيب

....

kockice za gradnju

دمية بطل

....

akcione figure

لباس الطفل

....

benkica

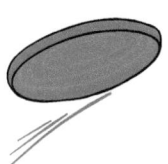

فريسبي

....

frizbi

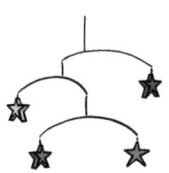

دمية معلّقة

....

mobile

لعبة الطاولة

....

igra na ploči

لعبة النرد

....

kocka

لعبة قطار

....

miniatura željeznice

مصّاصة

....

cucla

حفلة

....

zabava

كتاب مصوّر

....

slikovnica

كرة

....

lopta

دمية

....

lutka

يلعب

....

igrati

ملعب رملي للأطفال

pješćanik

أرجوحة

ljuljačka

لعبة

igračke

ألعاب فيديو

konzola za igru

دراجة ثلاثية

triciklo

دمية على شكل الدب

medvjedić

خزانة الثياب

ormar

ثياب

odjeća

جوارب قصيرة

kratke čarape

جوارب طويلة

čarape

جورب بنطلون

hulahopke

شال
šal

شمسية
kišobran

حزام
kaiš

تي شيرت
majica kratkih rukava

أحذية رياضية
patike

حذاء شتوي
čizme

شبشب
papuče

صندل
sandale

حذاء
cipele

جزمة كاوتشوك
gumene čizme

سروال داخلي
gaće

صدّارة
grudnjak

قميص داخلي
potkošulja

لباس ملاصق للجسم
....
bodi

بنطلون
....
hlače

جينز
....
farmerke

تنورة
....
suknja

بلوزة
....
bluza

قميص
....
košulja

سترة قطنية
....
džemper

كنزة كم طويل
....
majica

سترة فضفاضة
....
sako

سترة
....
jakna

معطف
....
mantil

معطف مطري
....
kišni mantil

زي - طقم نسائي
....
kostim

ثوب
....
haljina

ثوب الزفاف
....
vjenčanica

طقم
odijelo

قميص نوم
spavaćica

بيجاما
pidžama

ساري
sari

حجاب
marama

عمامة
turban

برقع
burka

قفطان
kaftan

عباءة
abaja

مايوه
kupaći kostim

سروال سباحة
kupaće gaće

شرت
kratke hlače

بدلة رياضية
trenerka

مئزر
pregača

قفازات
rukavice

زر

dugme

نظّارة

naočare

إسوارة

narukvica

عقد

ogrlica

خاتم

prsten

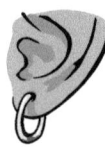

قرط

naušnica

طاقيّة

kapa

علاقة ثياب

vješalica

قبّعة

šešir

ربطة العنق

kravata

سحّاب

patentni zatvarač

خوذة

kaciga

حمّالة البنطلون

tregeri za hlače

اللباس المدرسي

školska uniforma

زي موحّد

uniforma

مريلة الأطفال
....
podbradak

مصّاصة
....
cucla

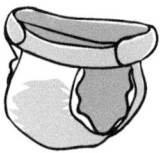

لفافة
....
pelene

مكتب
ured

المخدّم
server
خزانة الملفات
ormar za kartoteku
طابعة
štampač
ورقة
papir
شاشة
monitor
فارة
miš
طاولة المكتب
pisaći sto
ملف
registrator
لوحة المفاتيح
tastatura
قماما
korpa za papir
حاسوب
kompjuter
كرسي
stolica

كأس من القهوة
....
šolja za kafu

الآلة الحاسبة
....
kalkulator

الإنترنت
....
internet

الحاسوب المحمول

laptop

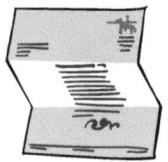

رسالة

pismo

خبر

poruka

الهاتف المحمول

mobilni telefon

شبكة

mreža

جهاز تصوير

aparat za kopiranje

البرمجيات

softver

هاتف

telefon

مقبس كهربائي

utičnica

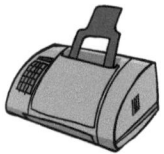

فاكس

faks

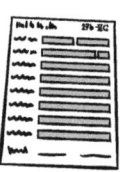

استمارة

formular

وثيقة

dokument

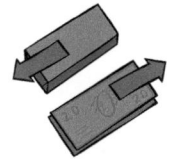

يشتري

kupovati

يدفع

platiti

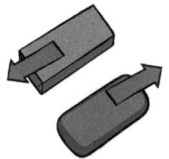

يتاجر

trgovati

مال

novac

دولار

dolar

يورو

euro

ين

jen

روبل

rublja

فرنك سويسري

franak

يوان

renminbi jen

روبية

rupi

صرّاف آلي

bankomat

مكتب صرافة

mjenjačnica

ذهب

zlato

فضة

srebro

نفط

nafta

طاقة

energija

سعر

cijena

عقد

ugovor

ضريبة

porez

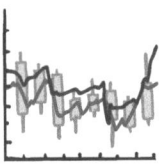

سهم

akcija

يعمل

raditi

موظف

službenik

رب العمل

poslodavac

مصنع

fabrika

متجر

radnja

المِهَن

zanimanja

الشرطي
policajac
رجل إطفاء
vatrogasac
طبّاخ
kuhar
الطبيب
ljekar
طيّار
pilot

بستاني

baštovan

نجّار

stolar

خيّاطة

krojačica

قاض

sudija

كيميائي

hemičar

ممثل

glumac

سائق حافلة

....

vozač autobusa

سائق تاكسي

....

vozač taksija

صياد سمك

....

ribar

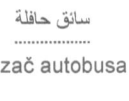

أجيرة للتنظيف

....

čistačica

بنّاء سقف

....

krovopokrivač

نادل

....

konobar

صيّاد

....

lovac

رسّام

....

moler

خباز

....

pekar

كهربائي

....

električar

عامل بناء

....

građevinski radnik

مهندس

....

inženjer

لحّام

....

koljač

سمكري

....

limar, vodoinstalater

ساعي البريد

....

poštar

جندي

vojnik

مهندس معماري

arhitekta

أمين صندوق

blagajnik

بائع الزهور

cvjećar

حلاق

frizer

مراقب القطار

kontrolor

ميكانيكي

mehaničar

قبطان

kapiten

طبيب أسنان

zubar

رجل العلم

naučnik

حاخام

rabin

إمام

imam

راهب

monah

كاهن

sveštenik

عدة عمل
alat

كماشة
kliješta
مطرقة
čekić
مفك البراغي
izvijač
مفتاح ربط
vijčani ključ
مصباح يد
džepna lampa

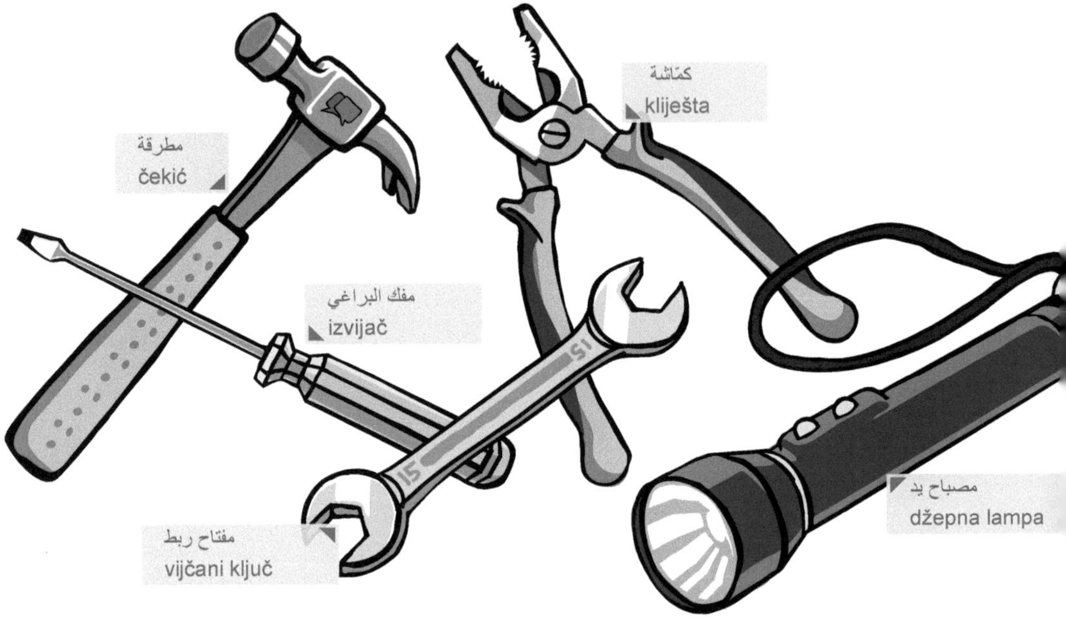

جرافة
bager

صندوق العدة
kutija sa alatom

سلم
ljestve

منشار
testera, pila

مسامير
ekser

مثقب
bušilica

يصلح

popraviti

مجرفة

lopata

اللعنة

sranje!

لقاطة الكناسة

lopatica

سطل الألوان

kanta boje

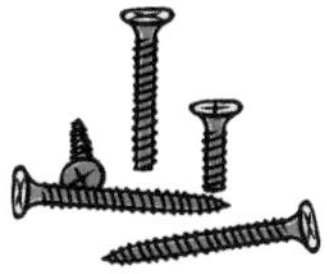

براغي

vijak

آلات موسيقية

muzički instrumenti

مكبر الصوت
zvučnik

آلات الإيقاع
bubnjevi

غيتار
gitara

كمان أجهر
kontrabas

بوق
truba

بيانو

klavir

كمنجة

violina

جهير

bas

طبل كبير

bubanj timpani

طبل

bubanj

بيانو كهربائي

sintisajzer

ساكسوفون

saksofon

ناي

flauta

ميكروفون

mikrofon

حديقة حيوانات

zološki vrt

مدخل
ulaz
نمر
tigar
قفص
kavez
حمار الوحش
zebra
علف للحيوانات
hrana za životinje
دب باندا
panda

حيوانات

životinje

فيل

slon

كنغر

kengur

وحيد القرن

nosorog

غوريلا

gorila

دب

medvjed

جمل
....
kamila

نعامة
....
noj

أسد
....
lav

قرد
....
majmun

طائر فلامينغو
....
flamingo

ببغاء
....
papagaj

دب قطبي
....
polarni medvjed

بطريق
....
pingvin

سمك القرش
....
morski pas

طاووس
....
paun

أفعى
....
zmija

تمساح
....
krokodil

حارس في حديقة الحيوان
....
čuvar u zološkom vrtu

عجل البحر
....
tuljan

نمر أمريكي مرقط
....
jaguar

فرس قزم

poni

نمر

leopard

فرس النهر

nilski konj

زرافة

žirafa

نسر

orao

خنزير برّي

divlja svinja

سمك

riba

سلحفاة

kornjača

حيوان فظ البحري

morž

ثعلب

lisica

غزال

gazela

رياضة

sport

كرة القدم الأمريكية
američki fudbal
ركوب الدراجات
vožnja bicikla
كرة التنس
tenis
كرة السلة
košarka
السباحة
plivanje
هوكي الجليد
hokej na ledu
الملاكمة
boks

كرة القدم

fudbal

الريشة الطائرة

bedminton

ألعاب القوى الخفيفة

laka atletika

كرة اليد

rukomet

التزلج على الثلج

skijanje

بولو

polo

يضحك
smijati se

يقفز
skakati

يعانق
zagrliti

يمشي
ići

يغنّي
pjevati

يحلم
sanjati

يصلّي
moliti

يقبل
ljubiti

يكتب
pisati

يرسم
crtati

يُري
pokazati

يدفع
gurati

يعطي
dati

ياخذ
uzeti

يملك

imati

يعمل

raditi

يوجد

biti

يقف

stajati

يركض

trčati

يسحب

vući

يرمي

baciti

يقع

pasti

يستلقي

ležati

ينتظر

čekati

يحمل

nositi

يجلس

sjediti

يلبس

obući

ينام

spavati

يستيقظ

probuditi

ينظر إلى ..
....
pogledati

يبكي
....
plakati

يمسّد
....
milovati

يمشّط
....
češljati

يتكلم
....
govoriti

يفهم
....
razumjeti

يسأل
....
pitati

يسمع
....
slušati

يشرب
....
piti

يأكل
....
jesti

يرتب
....
pospremiti

يحب
....
voljeti

يطبخ
....
kuhati

يقود
....
voziti

يطير
....
letjeti

يبحر بزورق شراعي
....
jedriti

يحسب
....
računati

يقرأ
....
čitati

يتعلم
....
učiti

يعمل
....
raditi

يتزوج
....
vjenčavti

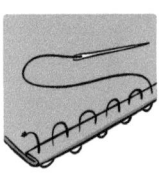

يخيط
....
šiti

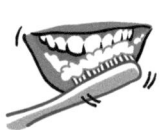

ينظف أسنانه
....
prati zube

يقتل
....
ubiti

يدخن
....
pušiti

يرسل
....
slati

عائلة
porodica

جدّة
baka
جدّ
djed
أب
otac
أم
majka
الطفل
beba
ابنة
kćerka
ابن
sin

ضيف

gost

عمّة / خالة

ujna, tetka, strina

عمّ / خال

ujak, tetak, stric

أخ

brat

أخت

sestra

الجسم
tijelo

الجبين
čelo
العين
oko
الكتف
leđa
الإصبع
prst
الوجه
lice
الذقن
brada
اليد
ruka, šaka
الساق
noga
الصدر
grudi
الذراع
ruka

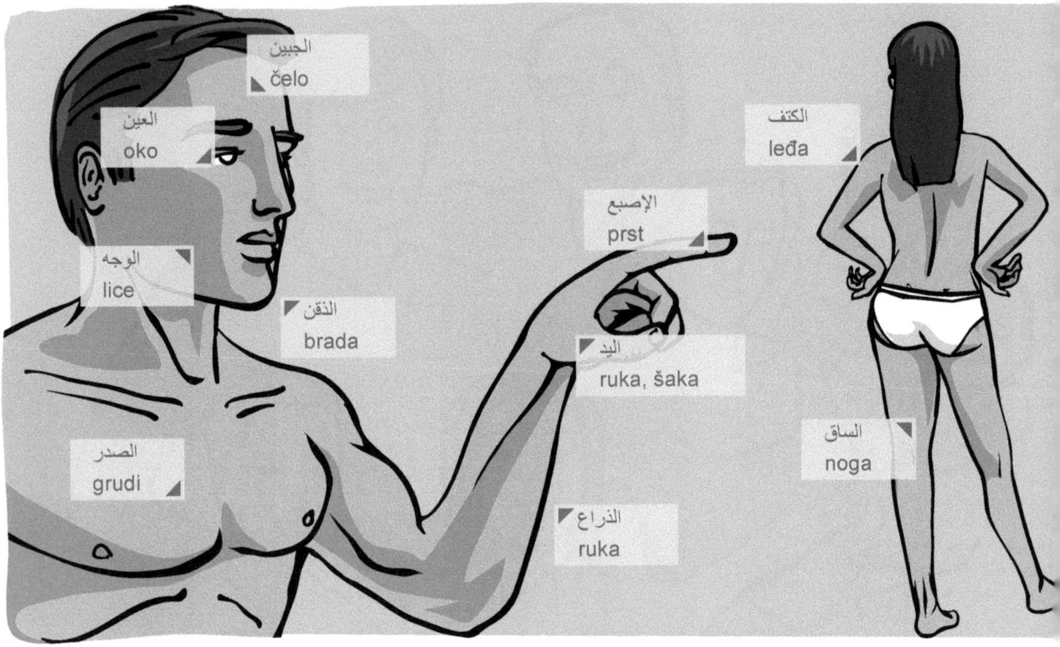

الطفل
beba

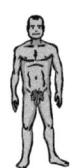

الرجل
muškarac

المرأة
žena

البنت
djevojčica

الولد
dječak

الرأس
glava

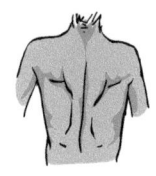

الظهر

....

leđa

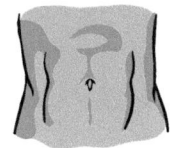

البطن

....

stomak

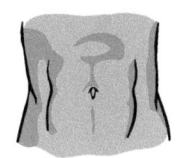

السرّة

....

pupak

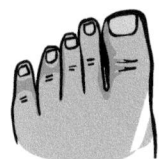

إصبع القدم

....

nožni prst

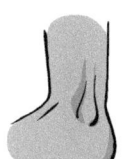

الكعب

....

peta

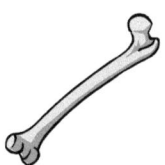

العظم

....

kosti

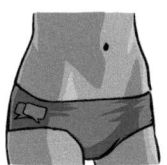

الورك

....

kuk

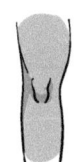

الركبة

....

koljeno

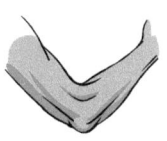

المِرفق

....

lakat

الأنف

....

nos

العَجُز

....

stražnjica

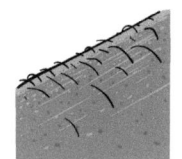

البشرة

....

koža

الخد

....

obraz

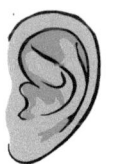

الأذن

....

uho

الشفة

....

usna

الفم

usta

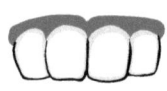

السن

zub

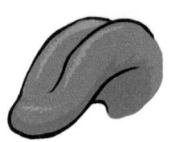

اللسان

jezik

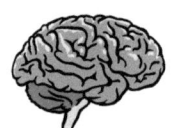

الدماغ

mozak

القلب

srce

العضلة

mišić

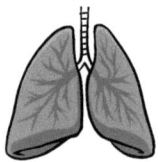

الرئة

pluća

الكبد

jetra

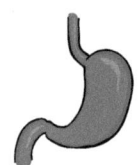

المعدة

želudac

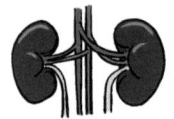

الكِلى

bubreg

الاتصال الجنسي

spolni odnos

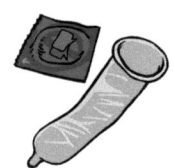

الواقي المطاطي

kondom

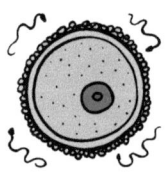

البويضة

jajna ćelija

المنيّ

sperma

الحمل

trudnoća

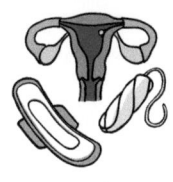

الحيض

menstruacija

المهبل

vagina

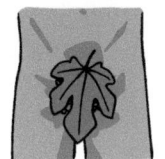

القضيب

penis

الحاجب

obrva

الشعر

kosa

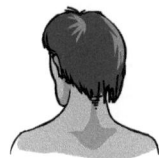

الرقبة

vrat

المستشفى
bolnica

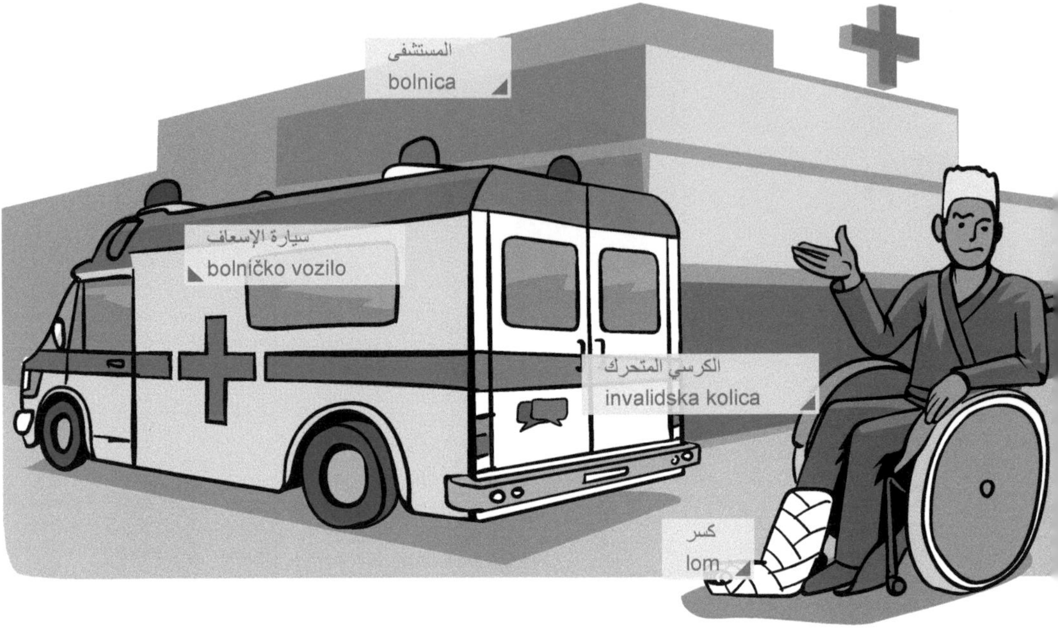

bolnica
سيارة الإسعاف
bolničko vozilo
الكرسي المتحرك
invalidska kolica
كسر
lom

الطبيب
....
ljekar

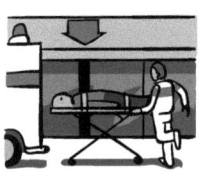

غرفة الإسعاف
....
hitna služba

الممرضة
....
medicinska sestra

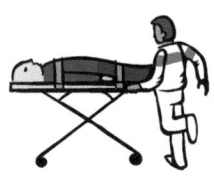

حالة
....
hitna pomoć

مغمى عليه
....
nesvjest

الألم
....
bol

إصابة

povreda

النزيف

krvarenje

احتشاء القلب

srčani udar, infarkt

جلطة

moždani udar

حسسية

alergija

السعال

kašalj

الحُمّى

groznica

إنفلونزا

gripa

الإسهال

proljev

وجع الرأس

glavobolja

السرطان

rak

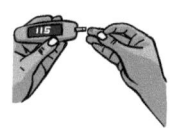

مرض السكر

dijabetes

جرّاح

hirurg

مبضع

skalpel

عملية

operacija

سيتي سكان

CT

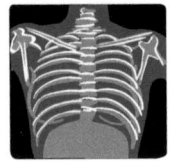

الأشعة السينية

rendgen

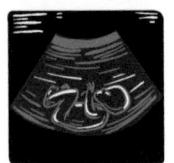

فوق الصوتي

ultrazvuk

القناع

maska

المرض

bolest

غرفة الانتظار

čekaonica

العُكاز

štake

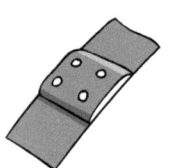

شريط لاصق

flaster

ضماد

zavoj

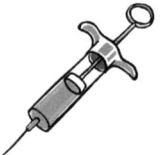

حقنة

injekcija

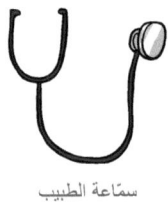

سمّاعة الطبيب

stetoskop

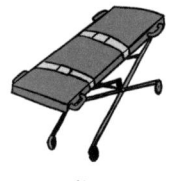

نقالة

nosilo

ميزان حرارة

termometar

ولادة

porod

وزن زائد

prekomjerna težina, debljina

جهاز السمع

slušni aparat

المواد المعقمة

sredstvo za dezinfekciju

عدوى

infekcija

فيروس

virus

الإيدز

HIV/ AIDS

الطب

medicina

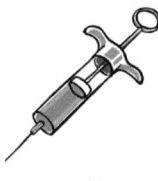

اللقاح

vakcinacija

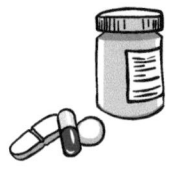

أقراص الدواء

tablete

حبّة الدواء

pilula

نداء النجدة

hitni poziv

مقياس ضغط الدم

aparat za mjerenje pritiska

مريض / صحيح

bolestan / zdrav

حالة

hitna pomoć

النجدة!

....

Upomoć!

إنذار

....

alarm

اعتداء

....

napad, prepad

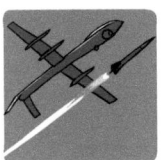

هجوم

....

napad

خطر

....

opasnost

مخرج طوارئ

....

izlaz u slučaju opasnosti

حريق!

....

Požar!

جهاز الإطفاء

....

vatrogasni aparat

حادث

....

nezgoda

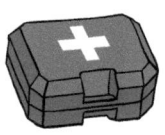

حقيبة الإسعاف الأولي

....

torba prve pomoći

أنقذونا

....

SOS

الشرطة

....

policija

أرض
Zemlja

أوروبا

Europa

أمريكا الشمالية

Sjeverna Amerika

أمريكا الجنوبية

Južna Amerika

أفريقيا

Afrika

آسيا

Azija

أستراليا

Australija

المحيط الأطلسي

Atlantik

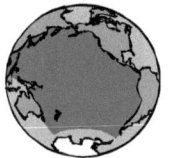

المحيط الهادي

Pacifik

المحيط الهندي

Indijski okean

المحيط المتجمد الجنوبي

Antarktički okean

المحيط المتجمد الشمالي

Arktički okean

القطب الشمالي

Sjeverni pol

القطب الجنوبي

Južni pol

منطقة القطب الجنوبي

Antarktik

أرض

Zemlja

بر

zemlja

بحر

more

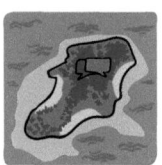

جزيرة

ostrvo

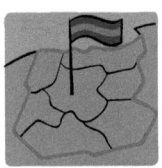

أمة

nacija

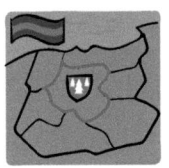

دولة

država

ساعة

sat

ميناء الساعة

....

brojčanik sata

عقرب الساعات

....

kazaljka sata

عقرب الدقائق

....

kazaljka minute

عقرب الثواني

....

kazaljka sekunde

كم الساعة الآن؟

....

Koliko je sati?

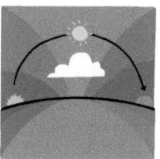

يوم

....

dan

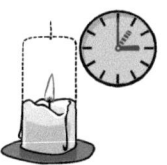

زمن

....

vrijeme

الآن

....

sada

ساعة رقمية

....

digitalni sat

دقيقة

....

minuta

ساعة

....

sat

أسبوع

sedmica, nedjelja

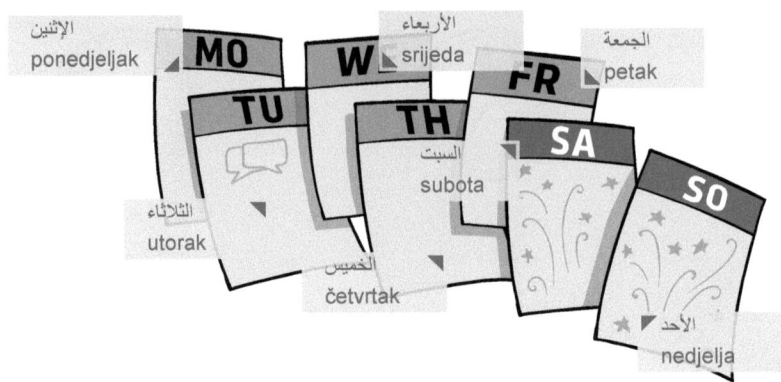

MO
TU
W
TH
FR
SA

الإثنين
ponedjeljak

الثلاثاء
utorak

الأربعاء
srijeda

الخميس
četvrtak

الجمعة
petak

السبت
subota

الأحد
nedjelja

1

الأمس
jučе

2

اليوم
danas

3

غداً
sutra

الصباح
jutro

الظهر
podne

المساء
veče

MO TU WE TH FR SA SU
1 2 3 4 5 6 7
8 9 10 11 12 13 14
15 16 17 18 19 20 21
22 23 24 25 26 27 28
29 30 31 1 2 3 4

أيام العمل
radni dani

MO TU WE TH FR SA SU
1 2 3 4 5 6 7
8 9 10 11 12 13 14
15 16 17 18 19 20 21
22 23 24 25 26 27 28
29 30 31 1 2 3 4

نهاية الأسبوع
vikend

مطر
kiša
قوس قزح
duga
ثلج
snijeg
ريح
vjetar
الربيع
proljeće
الخريف
jesen
الصيف
ljeto
الشتاء
zima

4.APRIL 11°
5.APRIL 4°
6.APRIL 13°
7.APRIL 8°
8.APRIL 10°

التنبؤ بالحالة الجوية
....
prognoza vremena

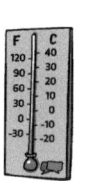

C
0
10
0
-10

مقياس حرارة
....
termometar

ضوء الشمس
....
sunčev sjaj

سحابة
....
oblak

ضباب
....
magla

رطوبة الجو
....
vlažnost vazduha

برق
....
munja

رعد
....
grom

عاصفة
....
oluja

بَرَد
....
tuča, led

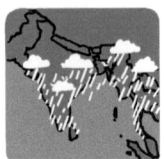

ريح موسمية
....
monsun

طوفان
....
poplava

جليد
....
led

كانون الثاني / يناير
....
januar

شباط / فبراير
....
februar

آذار / مارس
....
mart

نيسان / أبريل
....
april

أيار / مايو
....
maj

حزيران / يونيو
....
juni

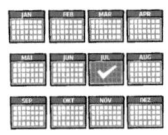

تموز / يوليو
....
juli

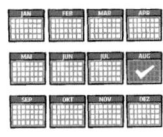

آب / أغسطس
....
avgust

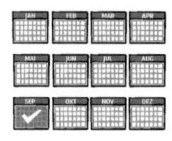

أيلول / سبتمبر
····················
septembar

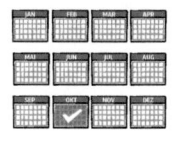

تشرين الأول / أكتوبر
····················
oktobar

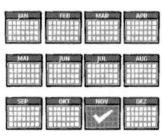

تشرين الثاني / نوفمبر
····················
novembar

كانون الأول / ديسمبر
····················
decembar

أشكال

oblici

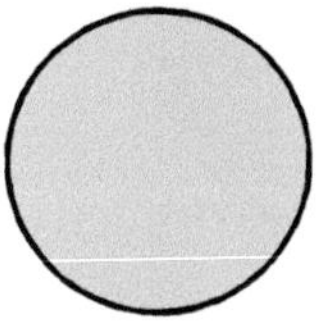

دائرة
····················
krug

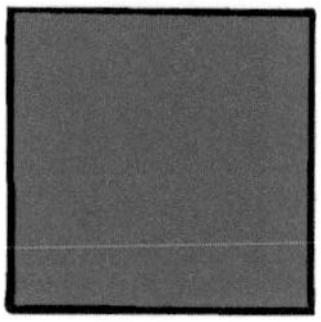

مربّع
····················
kvadrat

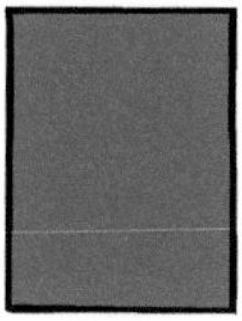

مستطيل
····················
pravougao

مثلث
····················
trougao

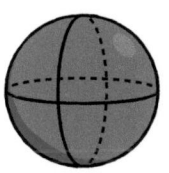

كرة
····················
kugla

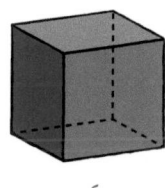

مكعب
····················
kocka

ألوان

boje

أبيض

bjel

أصفر

žut

برتقالي

narandžast

وردي

pink

أحمر

crven

بنفسجي

ljubičast

أزرق

plav

أخضر

zelen

بنّي

smeđ

رمادي

siv

أسود

crn

الأضداد

suprotnosti

كثير / قليل

malo / mnogo

غضبان / هادئ

ljutit / miran

جميل / قبيح

lijep / ružan

بداية / نهاية

početak / kraj

كبير / صغير

veliki / mali

فاتح / قاتم

svijetlo / tamno

أخ / أخت

brat / sestra

نظيف / وسخ

čist / prljav

كامل / ناقص

potpun / nepotpun

نهار / ليل

dan / noć

ميت / حيّ

mrtav / živ

عريض / ضيّق

široko / usko

صالح للأكل / غير صالح
....
ukusno / neukusno

شرّير / لطيف
....
zao / prijatan

مثير / ممل
....
uzbuđen / dosadan

سمين / نحيف
....
debeo / mršav

أولاً / أخيراً
....
najprije / najkasnije

صديق / عدو
....
prijatelj / neprijatelj

مليء / فارغ
....
pun / prazan

صلب / ليّن
....
trvd / mekan

ثقيل / خفيف
....
težak / lagan

جوع / عطش
....
glad / žeđ

مريض / صحيح
....
bolestan / zdrav

غير شرعي / شرعي
....
ilegalan / legalan

ذكي / غبي
....
inteligentan / glup

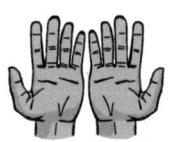

يسار / يمين
....
lijevo / desno

قريب / بعيد
....
blizu / daleko

جديد / مستعمل

nov / polovan

لا شيء / بعض الشيء

ništa / nešto

مسين / شاب

star / mlad

يشعل / يطفئ

uključeno / isključeno

مفتوح / مغلق

otvoreno / zatvoreno

خافت / عالٍ

tiho / glasno

غني / فقير

bogat / siromašan

صح / خطأ

tačno / pogrešno

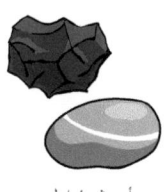

أحرش / املس

hrapav / glatak

حزين / سعيد

tužan / srećan

قصير / طويل

kratak / dug

بطيء / سريع

spor / brz

مبلول / جاف

mokro / suho

ساخن / بارد

toplo / hladno

حرب / سلم

rat / mir

أرقام
brojevi

0	1	2
صفر	واحد	اثنان
nula	jedan	dva
3	4	5
ثلاثة	أربعة	خمسة
tri	četiri	pet
6	7	8
ستة	سبعة	ثمانية
šest	sedam	osam
9	10	11
تسعة	عشرة	أحد عشر
devet	deset	jedanaest

12

اثنا عشر

dvanaest

13

ثلاثة عشر

trinaest

14

أربعة عشر

četrnaest

15

خمسة عشر

petnaest

16

ستة عشر

šesnaest

17

سبعة عشر

sedamnaest

18

ثمانية عشر

osamnaest

19

تسعة عشر

devetnaest

20

عشرون

dvadeset

100

مائة

sto

1.000

ألف

hiljada

1.000.000

مليون

milion

اللغات

jezici

الإنكليزية

engleski

الإنكليزية الأمريكية

američki engleski

لغة ماندارين الصينية

kinesko mandarinski

الهندية

hindi

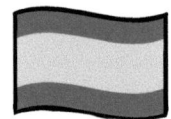

الإسبانية

španski

الفرنسية

francuski

العربية

arapski

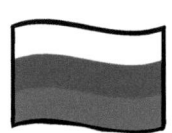

الروسية

ruski

البرتغالية

portugalski

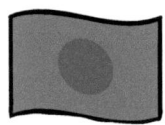

البنغالية

bengalski

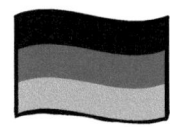

الألمانية

njemački

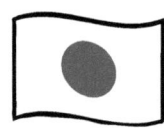

اليابانية

japanski

من / ماذا / كيف
ko / šta / gdje

أنا
....
ja

أنت
....
ti

هو / هي
....
on / ona / ono

نحن
....
mi

أنتم
....
vi

هم
....
oni

من؟
....
ko?

ماذا؟
....
šta?

كيف؟
....
kako?

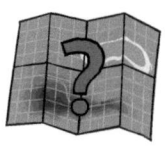

أين؟
....
gdje?

متى؟
....
kada?

اسم
....
ime

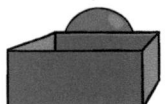

أين
gdje

خلف

iza

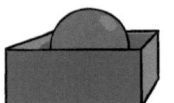

في

u

أمام

pred

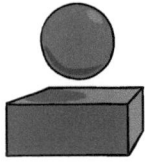

فوق

iznad

على

na

تحت

ispod

جنب

pored

بين

između

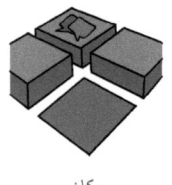

مكان

mjesto